AF247346

SUFFRAGE UNIVERSEL

DE L'AVENIR

PARIS

E. DENTU, LIBRAIRE-ÉDITEUR

PALAIS-ROYAL, 17 ET 19, GALERIE D'ORLÉANS

—

1875

Tous proits réservés.

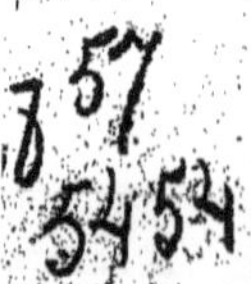

SUFFRAGE UNIVERSEL

DE L'AVENIR

Au moment où la Chambre, avant de se séparer, va s'occuper de mettre en harmonie avec les besoins du pays la loi électorale, il nous semble convenable que chacun vienne apporter le résultat de ses méditations, pour éclairer la discussion en si grave matière. C'est cette pensée qui nous a décidé à traiter avec toute la franchise dont nous sommes susceptible le suffrage universel que nous voudrions voir profondément modifié.

I

On ne comprend pas qu'un principe si peu en harmonie avec tout ce qui existe, soit dans l'ordre physique, soit dans l'ordre moral, ait pu trouver non-seulement des adhérents, mais encore d'ardents défenseurs parmi les hommes de bonne foi. Il est basé sur une absurdité évidente, l'ÉGALITÉ, qui n'existe nulle part, ni dans les formes extérieures, ni dans les qualités intérieures, au point de vue matériel comme au point de vue intellectuel. Lorsque M. de Genoude proclamait en tête de sa *Gazette de France* son principe de suffrage universel, il savait bien que ce n'était qu'une machine de guerre dont il se servait pour détruire, persuadé qu'il était, qu'une fois la société en ruine, il pourrait la reconstituer sur une base nouvelle: l'absolutisme.

Nulle part cette malheureuse utopie n'a trouvé de refuge, si ce n'est dans notre pays; il a fallu que frappé momentanément d'insanité, un petit-fils de Comus, l'escamoteur, Ledru-Rollin, lui ait proposé et fait adopter cet exorbitant principe qui flattait les masses en élevant les indignes au rôle d'électeur, rôle réservé jusqu'alors aux citoyens censitaires, comme dans tous les pays du monde.

Car, aux Etats-Unis d'Amérique, où toutes les idées les plus avancées sont mises à l'essai, pour les rendre pratiques si c'est possible, celle du suffrage universel absolu n'a pas trouvé de défenseur, et le simple bon sens de ce peuple si en avant des autres, l'a fait reculer devant l'absurdité d'un principe qui érige la multitude inconsciente en pouvoir dirigeant.

Les Américains, chez qui l'égalité, on peut le dire, a atteint les dernières limites; où toutes les carrières sont libres, tandis que chez nous, celles surtout dites libérales, sont entravées par des règles rien moins que libérales; chez qui un homme qui a essayé de toutes les carrières sans pouvoir y réussir, peut pour quelques dollars devenir propriétaire, chez qui toutes les communes ou villes s'administrent elles-mêmes, sans ingérence aucune du gouvernement central; les Américains, dis-je, ont cru devoir imposer à l'électeur des conditions de garantie que notre suffrage universel considère comme inutiles.

L'opinion publique et le bon sens demandaient, qu'au moins lorsqu'il s'agissait de gérer les deniers de la commune, la loi électorale *communale* dût confier cette gestion à ceux qui fournissaient la plus grosse partie des fonds ; nos législateurs le comprenaient. Eh bien ! fascinés par cette absurde sphinx, ils ont timidement imposé certaines conditions à l'électorat ; mais, pour donner satisfaction aux radicaux, qui ne leur demandaient pas la loi, ils l'ont affublée de tant d'exceptions que c'est bien le cas de dire : il ne valait pas la peine, assurément, de se donner tant de soucis ; absurde pour absurde, la dernière vaut l'ancienne. C'est à croire qu'il faut renoncer à l'espoir de voir revenir les hommes aux traditions du simple bon sens.

Le suffrage universel sera toujours un mensonge. Le nombre de ceux qui l'exercent sans discernement dépasse de beaucoup le nombre de ceux qui savent ce qu'ils font. Nous ne parlons pas des ouvriers électeurs des grandes villes, qui votent avec ce discernement qu'en appuyant le candidat voyoucrate ils font échec aux riches, et auxquels cela suffit.

Dans les campagnes où il n'en est pas tout à fait de même, l'orateur de cabaret et le cabaretier lui-même, qui trouve son compte à abreuver les électeurs ivrognes et paresseux, exercent néanmoins une influence malfaisante sur ces paysans pour lesquels presque toujours le bourgeois propriétaire est un ennemi.

Et c'est avec ces éléments que l'on veut constituer la société, sur cette base de boue et de passion ! Il n'y a réellement que les naïfs ou les ambitieux qui peuvent espérer quelque chose du suffrage universel qui, quoique l'on fasse et que l'on dise, sera toujours exploité par les intrigants.

II

La France a fait l'expérience du suffrage universel. Il y a produit les résultats les plus opposés, selon qu'il a été exploité par le gouvernement ou influencé par les ambitieux.

Sous l'Empire, n'avons-nous pas vu les candidats officiels être invariablement nommés par le suffrage universel ? à tel point que le Corps législatif ne comptait que cinq opposants.

Plus tard, sous l'influence républicaine, les mêmes électeurs bannissaient l'Empereur après l'avoir proclamé, peu de temps avant, dans un plébiscite.

C'est un instrument dont on joue diversement; mais il faut en jouer d'une main solide en tenant l'épée de l'autre, sous peine de lui entendre entonner l'air de toutes les passions et de toutes les bassesses, depuis *la Marseillaise* jusqu'à l'air de *la Reine Hortense*.

Que nous a produit ce système au moment suprême où, dominée par la peur, écrasée par ses ennemis, la France y a eu recours? Il a produit une Chambre, composée des éléments les plus disparates ; résultat obtenu à l'aide d'une combinaison de concessions qui consistait à porter au scrutin de liste les candidats extrêmes de tous les partis, enfantement bâtard où l'on peut dire qu'il ne s'est presque pas produit de candidats conservateurs raisonnables, de ceux qui ne veulent ni les Bourbons avec leurs vieilleries, ni les Bonapartes avec leur Sedan, ni la République quand même, mais qui sont Français avant tout.

Que voulez-vous attendre d'un principe qui, à l'application, donne un résultat si peu en harmonie avec le bon sens et la modération ?

Le suffrage universel sera toujours l'arène où toutes les passions se donneront rendez-vous, où toutes les médiocrités remuantes et ambitieuses finiront par fasciner les multitudes ; et quand on voit une population lyonnaise qui vit d'une industrie de luxe, n'ayant d'existence que par la paix, proclamer *Ranc, Raspail et Garibaldi,* on est à se demander si c'est un rêve.

Il suffit vraiment, pour qu'un candidat soit accepté par la multitude, qu'il ait eu maille à partir avec l'autorité. Dernièrement, un de nos avocats les plus spirituels défendant un client qui était sur les bancs de la police correctionnelle pour rébellion contre les gendarmes, s'écriait : Acquittez-le de grâce, monsieur le Président ! car si vous le condamnez, vous en faites un candidat !

Cette pointe d'esprit n'était que l'expression de la vérité ; car, avec le régime du suffrage universel, pour aspirer à la candidature soit municipale, soit départementale, il est bien d'avoir à son actif quelques jours de prison, si ce n'est pire.

Et vous appelez cela l'expression de la vérité et de la conscience publique !

La Société se divise en deux parts : l'une qui veut

sauvegarder les intérêts de tous, l'autre qui veut tout remettre en question.

La première se compose de conservateurs, de ceux qui possèdent, qui ne demandent que protection pour tous, qui n'envient point le bien de leurs voisins et qui pensent que dans ces conditions ceux qui ont, aidant ceux qui n'ont pas, la Société doit progresser et s'améliorer.

La seconde se compose de tous les ambitieux, déclassés, déraillés de toutes provenances et de toutes variétés, et des utopistes exploitant la foule des envieux et des niais. Malheureusement cette classe est la plus turbulente, la plus entreprenante, et celle qui tient le plus de place. C'est dans cette classe que vous trouvez les orateurs de club, les tribuns de cabaret, tous gens à qui la vie de famille est inconnue. Ce sont eux qui prèchent les multitudes, leur font espérer un état de choses impossible et tâchent de pêcher en eau trouble au milieu du désordre. On les a vus déjà, du reste, la torche à la main, faire *flamber finances;* élément, croyez-le bien encore très vivace, que le régime du suffrage universel maintient dans les conseils municipaux, conseils de département et autres, lesquels comptent encore bien des membres extra-radicaux et pétroleurs; et si bien des municipalités étaient libres de choisir leur drapeau, croyez bien que plus d'une arboreraient encore le drapeau rouge; et vous seriez peut-être surpris du nombre.

Il y en a bien une troisième et c'est la plus nombreuse : c'est la multitude inconsciente, houleuse et changeante qui comme les zéros sans valeur augmentent cependant celle des chiffres qu'ils suivent, donne de l'importance aux médiocrités ambitieuses qui l'entraînent à leur suite.

C'est donc sur ce mauvais élément, qui est prépondérant puisqu'il est le nombre, que vous espérez fonder une société solide? et vous accepteriez ce principe allemand et anti-social : *La Force prime le droit*, puisque le nombre c'est la force.

Non, tant que vous n'aurez pas profondément modifié la loi électorale qui nous régit, vous serez toujours en face d'une aventure et vous serez obligés, tôt ou tard de reconnaître que *non quantum sed qualem;* ce n'est pas le nombre qui doit faire la loi.

III

Le grand principe sur lequel s'appuie le suffrage universel est que chaque individu doit être représenté dans l'État, parce qu'il concourt dans une certaine mesure à supporter les charges de la société et qu'il a droit à une protection qui doit être égale pour tous.

Nous ne discuterons pas pourquoi ce principe, même dans l'application la plus radicale qu'on en fait, comporte tant d'exceptions, car si les femmes dont l'intelligence est certes égale à celle de beaucoup d'hommes, si les jeunes gens de quinze à vingt ans, qui ne votent pas et qui valent cependant bien les électeurs incapables, n'ont pas droit à être représentés, néanmoins l'État leur doit assurément plus de protection qu'aux hommes majeurs qui selon la loi peuvent se défendre eux-mêmes.

Le principe n'est donc pas et ne peut être absolu, or s'il ne peut être absolu à ce point de vue, pourquoi veut-on qu'il soit absolu lorsqu'il s'agit de préciser la mesure dans laquelle vous avez droit à vous faire représenter? Pourquoi ne voulez-vous pas que celui qui fournit les fonds nécessaires à la société pour se défendre n'ait pas le droit de les administrer? et pourquoi attribuer ce droit principalement à ceux qui ne fournissent rien ou fort peu aux caisses publiques?

On nous dit que l'ouvrier paye l'impôt dans une proportion plus forte que le capitaliste. Les radicaux vont plus loin; ils soutiennent que l'ouvrier paie tout et que c'est le *travail seul* qui produit. Il faudrait d'abord s'expliquer sur le mot *Travail;* à les entendre il n'y a que ceux qui travaillent de leurs membres et de leurs mains qui sont des travailleurs; comme si la tête qui combine et qui ordonne était un rouage inutile dans la production du travail.

Mais il y a plus : l'ouvrier travaille pour se loger, se nourrir et se vêtir, lui et les siens; mais il ne travaille pas pour payer l'impôt puisqu'il se le fait rembourser par celui qui l'occupe :

Le capital seul paye l'impôt et seul il pourvoit aux dépenses de l'Etat. C'est ce qu'il est facile de démontrer, et pour le comprendre, il suffit de prendre un exemple de ce qui se produit, chaque jour dans la pratique des choses. Ainsi commandez un meuble, un vêtement, une serrure, l'ouvrier vous fera payer : 1° Le prix de la matière ; 2° Le prix qu'il met à sa journée ; 3° Plus l'impôt qu'il a payé et qu'il vous fait, bel et bien rembourser, et en poursuivant l'analyse, on trouve que l'ouvrier habitant un village vous fera payer le meuble 8 francs, soit deux journées de travail de 3 francs, plus 2 francs de matière; mais si vous commandez le même meuble en ville, vous le payerez 10 francs : soit 2 journées de travail à 4 francs et 2 francs de matière. Pourquoi la journée de travail à la ville, qui est la même et qui n'est pas plus pénible que celle de la campagne, coûte-t-elle 4 francs au lieu de 3 ? C'est que dans la journée de l'ouvrier de la ville il entre 1 franc d'octroi, de patente et autres impôts qui n'existent pas à la campagne; et qui est-ce qui paye cet impôt, si ce n'est le capitaliste qui a commandé le meuble ? Et en analysant bien la perception des impôts, on arrive à reconnaître que le capital seul remplit les caisses du gouvernement protecteur de la société.

Un vieux proverbe disait: *là où il n'y a rien le Roi perd ses droits :* or, il ne reste souvent pas d'excédant à l'ouvrier après sa journée; l'*Etat ou le Roi* ne peut donc rien lui demander; mais, après avoir pourvu à ses besoins, s'il lui reste un surplus, cet excédant devient l'*épargne* qui n'est autre que le *capital ;* alors seulement il paie l'impôt sous une forme ou sous une autre. Ceci admis, la conséquence rigoureuse qui en découle, c'est que ceux qui ne payent pas d'impôt ne devraient pas même être consultés sur l'administration des deniers publics; mais que ceux seulement qui payent l'impôt devraient être chargés de la question financière de l'État.

Comme le suffrage universel, contrairement à la logique, devient le maître de la position et n'est ni assez intelligent ni assez à l'abri des passions pour comprendre qu'il serait juste de porter au pouvoir ceux qui concourent à sa force, il est impossible d'attendre que ce principe produise de ce côté là quelque chose de viable.

Persister à faire de ce système la base de la société serait inconséquent, beaucoup le reconnaissent ; mais le croirait-on ? les plus convaincus de l'absurdité du principe n'osent l'attaquer, et lorsqu'à la Chambre on parle du suffrage universel dans des termes timidement irrespectueux, une tempête, s'élevant de la Gauche, occasionne un véritable orage, que l'on ne parvient à conjurer qu'en protestant qu'il n'est entré dans la pensée de personne d'attaquer l'*Arche sacro-sainte.*

Dernièrement n'avons-nous pas vu un ministre qui ayant dit que le suffrage universel se *dresserait* devant lui, a failli perdre son portefeuille et a appris presque à ses dépens que le suffrage universel ne devait se *dresser* devant personne.

De ce qui précède que conclure ? Si ce n'est que pour être rigoureusement logique, le gouvernement de la société devrait être entre les mains de ceux qui fournissent l'argent ou de leurs mandataires ; que le suffrage ne devrait être dévolu qu'à ceux qui paient ou donnent des garanties par leur capacité et leur intelligence ? Dans quelles conditions et sous quelle forme ce principe devrait-il être appliqué, c'est ce que nous allons tâcher de préciser.

IV

Nous croyons avoir suffisamment démontré que le suffrage universel était un mensonge ; car, il était tellement sujet à subir une direction bonne ou mauvaise, qu'il ne pouvait être le plus souvent l'expression de la vérité ; que les multitudes avaient toujours une tendance à donner raison à ceux qui flattaient leurs passions en leur faisant voir un avenir de richesses et de bonheur qu'ils savaient bien ne pouvoir leur procurer.

Nous croyons aussi avoir démontré que le Capital seul payant l'impôt, la stricte justice voudrait que seul il ait le droit de suffrage. Puisque c'est lui qui supporte les charges de l'Etat, à lui incombe le droit de nommer les législateurs gérants de la fortune publique. Voici donc sur quelle base nous voudrions voir établir une loi électorale :

Pour donner au principe du suffrage universel toute l'extension dont il est susceptible, puisque c'est un préjugé qu'il faut admettre sous peine de révolution, *nous voudrions une loi ainsi conçue:*

1° Tous les citoyens domiciliés depuis un an seraient électeurs et auraient droit à une voix. Les autres voix seraient attribuées aux électeurs payant un impôt au moins de 10 francs ; ainsi l'électeur payant de 10 francs jusqu'à 20 francs aurait deux voix ; de 20 à 30 trois voix, ainsi de suite jusqu'à celui qui payerait de 90 à 100 francs qui aurait dix voix, celui qui payerait 1,000 francs aurait cent voix; mais là s'arrêterait la progression parce que la différence entre le capitaliste payant 1,000 francs d'impôt et celui qui en paye davantage n'est plus dans la même proportion, de celui qui paye 10 francs avec celui qui en paye 100.

Ce mode de votation qui, au premier abord, semble être d'une application difficile se pratique tous les

jours dans les Sociétés industrielles par actions, où la
logique veut que celui qui a le plus d'intérets à ce que
la chose marche bien, soit représenté plus largement.

Il nous semble que pour mettre en pratique ce principe bien autrement logique que la brutalité du
nombre, il ne se présenterait aucune difficulté sé-
rieuse. Rien de plus simple que de charger les percep-
teurs de délivrer les cartes d'électeurs qui fixeraient le
nombre de voix attribuées au contribuable. Le vote ne
serait pas plus compliqué que celui adopté dans les
Sociétés d'actionnaires, le dépouillement se ferait peut-
être un peu plus longuement, mais aussi exactement
qu'il est fait en pareil cas.

Du reste, à la loi d'entrer dans des détails que nous
ne pouvons aborder, mais dont l'application n'offri-
rait aucune difficulté. Au législateur également de fixer
le temps de la résidence exigée, et d'adjoindre les
capacités ne payant rien et autres sur la liste électorale,
en leur attribuant un certain nombre de voix.

En prenant, comme nous l'avons indiqué, le chiffre
démocratique de 10 francs et 1,000 francs comme maxi-
mum, nous avons voulu donner satisfaction à la société
tout entière, car celui qui ne paye pas 10 francs d'impôt tient une fort petite place dans cette société; il a
droit néanmoins à sa protection, mais rigoureusement
elle pourrait se passer de son aide et de ses avis parce
qu'il n'a aucun intérêt à la bonne direction de l'affaire
publique. Néanmoins nous l'admettons.

Nous ne nous dissimulons pas la résistance qu'éprou-
verait la présentation d'une pareille loi; quoique logique au dernier point, elle n'est pas en harmonie avec
les préjugés de l'époque.

L'opinion publique, cet autre tyran dont on ne connaît souvent ni l'origine, ni le but, n'accepterait pas d'emblée une idée aussi simple que nouvelle et aussi pratique que raisonnable; mais qui sait!

La vérité, dit-on, finit toujours par avoir raison, et avec la versatilité de nos idées, on peut tout attendre du temps.

Est-ce que notre constitution n'est pas essentiellement perfectible, comme du reste, l'ont été ses dix-huit devancières? Nos législateurs actuels n'ont pas la prétention, à coup sûr de faire graver sur le bronze les versets de notre constitution actuelle qui n'en est presque pas une. Nous l'avons acceptée avec satisfaction parce qu'elle nous tirait de l'inconnu ; comme presque à tout le monde, il nous semble qu'elle est provisoire et pour qu'elle soit viable elle a encore besoin de bien des remaniements, et nous mettons au nombre des plus urgents celui du suffrage universel qui ne peut être admis, comme principe, que profondément modifié. Tant qu'il ne le sera pas, nous resterons en république provisoire et constamment en face d'une aventure.

Nous indiquons le chemin à prendre, et notre profonde conviction est que l'on ne sera logique que lorsque l'on maintiendra le suffrage universel vrai, et l'on ne consolidera notre société ébranlée, qu'en adoptant le principe du suffrage universel proportionnel, *seul vrai*.

Serons-nous écoutés? Notre idée sera-t-elle prise en censidération? La vérité vraie sera-t-elle comprise: Nous le souhaitons, sans toutefois bien l'espérer.

Paris, imp. Balitout, Questroy et Cⁱᵉ, 7, rue Baillif.